L'AUTONOMIE

DE

L'ALGÉRIE

PAR

ADOLPHE BERTHOUD

« Selon nous, administrer de près, c'est
« placer l'Algérie où elle doit être, c'est-
« à-dire entre les mains des administrés. »
LEBLANC DE PRÉBOIS,
Langueur de l'Algérie.

ALGER
IMPRIMERIE ALGÉRIENNE DE DUBOS, LIBRAIRE
1862

L'AUTONOMIE DE L'ALGÉRIE

I

Dans une brochure fort remarquable, pleine de verve et de vérités, M. Leblanc de Prébois, ancien représentant de l'Algérie à l'assemblée constituante, sondant profondément ce marasme général, cette atonie du travail et de la production, qui nous frappent et nous désolent en Algérie, dénonçait récemment à la barre de l'opinion publique, la centralisation administrative comme cause de tout le mal.

On a accusé M. de Prébois de n'avoir pas suffisamment défini la centralisation administrative. Nous pensons qu'il a mieux fait que la définir, il nous l'a montrée à l'œuvre. Nous citons pour mémoire deux passages de sa brochure qui nous semblent avoir résumé sa pensée. Ils démontrent en outre que la définition a moins manqué à la brochure que la clairvoyance à la critique.

« La centralisation administrative est ce travail
« incessant des légistes qui, entrés dans le gouver-
« nement dès le XIIIᵉ siècle, sous Philippe-le-Bel, a
« réuni toute l'administration publique entre les
« mains de quelques ministres et de leurs préposés
« supérieurs et subalternes, de telle sorte que la na-
« tion est interdite d'administrer ses propres affaires,
« qu'elle ne peut agir et se mouvoir que par les res-
« sorts de la bureaucratie, en un mot, qu'elle n'a pas
« d'existence propre. »

Et ailleurs : « L'administration a pris possession
« pour elle seule de toute l'Algérie. Elle a voulu
« tout faire, tout diriger, à l'exclusion absolue de
« toute la force impulsive qui réside essentiellement
« dans les capitaux privés et dans les populations...
« Cette action isolée de l'autorité à l'exclusion de
« toute participation de la nation est ce qu'on ap-
« pelle la centralisation administrative. Sous l'im-
« pulsion unique de la centralisation administrative,
« l'Algérie est devenue *un pays où tout est défendu,*
« *hormis ce qui est spécialement permis,* tandis qu'au
« contraire, *tout aurait dû y être permis excepté ce*
« *qui aurait été spécialement et rarement défendu.* »
« Sous ce régime, encore en pleine vigueur, l'Al-
« gérie est malade de pléthore d'institutions, de
« règlements d'impôts et de taxes ; elle est épuisée
« de ce qui fait la vie d'un pays, c'est-à-dire de bras
« et de capitaux pour mettre en valeur sa seule
« richesse aujourd'hui bien constatée, savoir : la fer-
« tilité de son sol. »

Il est inutile de rien ajouter à cette frappante
peinture. Nous avons voulu seulement rappeler la
pensée mère de la brochure de M. de Prébois, qui est
comme le point de départ de la nôtre ; car c'est en
nous pénétrant de l'une que nous avons pris la réso-
lution d'écrire l'autre.

Les critiques de M. de Prébois ont négligé le seul
point où il fut vraiment attaquable. Ils ont combattu ses statistiques quelquefois un peu fautives,
ils l'ont contredit dans son opinion évidemment er-
ronée sur le cantonnement des Arabes, mais ils ont
passé sous silence le seul défaut réel de ce gros petit
livre, qui manque absolument de conclusions logiques, conformes à l'esprit libéral qui en a si bien in-
spiré la plus grande partie.

Nous disons que *Langueur de l'Algérie* manque de

conclusions solides. Personne, certes, ne nous proposera comme telles les solutions insuffisantes et parfois malencontreuses que l'auteur décore du nom de remèdes. Après avoir montré l'impuissance et le vide de la centralisation, il recule devant la conséquence forcée des vérités qu'il a fait luire. Il propose des à-peu-près et des demi-mesures. Sa brillante exposition promettait mieux et ou pouvait espérer qu'il n'hésiterait pas à préciser les principes de l'institution libérale après avoir si bien combattu l'institution tyrannique.

Qu'est-ce, en effet, que la suppression de l'aristocratie indigène, les encouragements prodigués aux capitalistes, la suppression du droit de tonnage, etc.? Ce sont des réformes spéciales ; il en est comme celles-là au moins vingt immédiatement réalisables; mais ce n'est pas la grande réforme indispensable; celle qui contient et amène forcément les autres; celle qui arrachera une fois pour toutes et pour toujours l'Algérie à un système foncièrement mauvais, désormais condamné par tous les économistes.

Cette réforme radicale et complète était pourtant indiquée par les termes et nettement renfermée dans les prémisses de M. de Prébois. Si la centralisation est absolument mauvaise, il est évident que la décentralisation doit être nécessairement bonne et salutaire. Voilà ce que M. de Prébois n'a pas suffisamment établi; et si nous revenons sur son travail, c'est afin de constater les conclusions légitimes de sa démonstration.

II

La centralisation actuelle en Algérie a deux faces; soit qu'on envisage les rapports de l'administration centrale de Paris avec le gouvernement d'Alger, soit que l'on considère ceux de l'administration centrale d'Alger à l'égard de ses administrés algériens.

La restauration du gouvernement-général d'Alger n'a été ni suffisamment logique, ni radicale. Le décret du 24 novembre, en rendant à la colonie ses gouverneurs-généraux, revêtus d'un pouvoir moins restreint que celui des anciens gouverneurs, justifiait de la nécessité universellement proclamée par la population d'un gouvernement local, exercé par des hommes devenus ou prêts à devenir Algériens.

Le séjour à Paris du ministre choquait le sentiment nous ne dirons pas national mais colonial. Il fut condamné d'une seule voix par les Algériens. Le rétablissement du gouvernement-général à Alger fut donc un progrès. Malheuseusement, comme nous l'avons dit, cette réforme fut incomplètement accomplie. Nous affirmons ce fait, même en raisonnant au point de vue strictement administratif et en écartant pour le moment le fait de l'absence dans le système actuel de tout contrôle légal de l'administration par la population.

En effet, en appelant de ses vœux le rétablissement d'un gouvernement algérien, que voulait l'Algérie ? Elle voulait un gouvernement fort, indépendant, qui put faire le bien et marcher hardiment dans la voie des réformes et des améliorations. Mise en appétit par le ministère dont quelques décisions avaient particulièrement flatté ses aspirations morales, elle avait sollicité un changement de résidence et une augmentation de pouvoirs pour ses gouvernants. Elle avait demandé le ministère en Algérie, mais le ministère resté ou devenu assez fort pour faire plus que le ministère n'avait fait à Paris.

Ses aspirations étaient aussi simplement conçues que courageusement exprimées. Elle voulait l'aboli_

tion en faveur du droit commun de toutes les dis-
tinctions de territoire, la restitution, par un biais ou
par un autre, du droit d'acheter des terres arabes, la
liberté dans la mesure du possible, sa part de représentation dans la mesure de son droit.

La désillusion fut grande, quand on put constater
par l'effet l'impuissance de la nouvelle administration. On reconnut bientôt que l'on avait gagné peu
de chose sur l'organisation de l'ancien gouvernement-
général, dont les luttes mortelles pour la colonisation
avec le ministère de la guerre, avec les chambres
législatives, avec le roi, avec les intendants civils,
avec tout le monde, sont encore présentes aux sou-
venirs de nos colons.

Et cependant, il n'y a aucune mauvaise volonté de
la part de la population à l'égard du gouvernement
algérien. C'est tellement l'intérêt de ce gouvernement
de bien faire. que l'on ne conçoit pas qu'il puisse
trouver le moindre avantage à ne faire rien. Mais on
est bien obligé de constater les faits, et c'est avec
surprise, et quelque chose de plus, que l'on considère
son œuvre après deux ans d'existence.

Rendons-lui toutefois justice. Il a activé l'achève-
ment du tronçon de voies ferrées qui relie Blidah et
Alger. Sous lui, les travaux publics ont repris une
vigueur depuis longtemps inconnue; il a donné la
publicité aux débats de nos conseils municipaux.
Allons même plus loin : il a fait ce qu'il a matériel-
ment pu faire, et s'il en avait eu le pouvoir, nous
sommes convaincu qu'il eût accompli bien davan-
tage.

Mais la solution des grandes questions vitales, le
cantonnement des Indigènes et le droit qu'avait autrefois donné le prince Napoléon d'acquérir des
terres arabes, où en sont-ils ? Mais les études relatives à la transformation des impôts européens ou

indigènes, transformation sollicitée par les vœux
unanimes de nos conseils généraux, où en sont-
elles? Mais la substitution progressive de la législation française à la législation musulmane, et celle de
notre magistrature aux cadis et aux adels, quel pas
a-t-elle fait? Mais l'abolition de l'aristocratie arabe,
l'élection de nos conseils municipaux, celle de nos
conseils généraux, la création d'un budget spécial,
la préparation d'une loi sur la naturalisation soit des
colons étrangers, soit des Indigènes ; mais ces vingt
réformes proclamées indispensables, même par des
pièces officielles, sur lesquelles gouvernants et gouvernés, écrivains, journalistes n'ont qu'une voix, qui
ont été solennellement promises par nos administra-
tions successives, où en sont-elles?

Des efforts ont été faits, nous dira-t-on. Soit!
Mais des résultats ont-il été obtenus ? Tout cela en
est au même point qu'il y a trois ans. Ou bien l'administration est endormie dans une coupable tor-
peur, ou bien elle est impuissante, elle n'a pas de
pouvoirs pour agir, elle a les mains liées. Pour nous,
c'est cette seconde hypothèse qui est la vraie. Il y a
donc un vice radical à la base de cette organisation.

L'écueil contre lequel se brise la nouvelle organisation est plus profondément enraciné qu'on ne
l'imagine au premier abord.

C'est un principe administratif purement abstrait
et théorique. C'est le sentiment de l'unité, de la
concentration des pouvoirs, qui est si bien inhérent
à tout ce que conçoit, crée et règlemente l'être im-
personnel qu'on appelle l'État en France. C'est la
conscience des droits de la hiérarchie et l'éloignement pour ce qui pourrait déparer cet admirable
échaffaudage de forces systématiquement organisées,
qui a fait de l'empire la masse à la fois la plus in-

telligemment et la plus puissamment compacte qui
fut jamais.

Les législateurs, qui ont imaginé la combinaison
aujourd'hui en vigueur en Algérie, n'ont pas admis
que, sur un coin du monde conquis par la France,
il pût exister quelque chose de dissemblable et de
distinct de l'ensemble.

Quels que soient les intérêts patents de la colonie,
ses besoins spéciaux, la nécessité de faire pour elle
des lois particulières dont l'utilité et même l'équité
sont incompréhensibles pour nos corps constitués
en France, on n'a pas voulu que l'Algérie pût échap-
per à la filière des moyens de gouverner ordinaire-
ment employés.

Il ne faut pas supposer que le refus d'accorder au
Gouverneur-Général les pouvoirs suffisants pour accomplir directement, par lui-même et sans média-
teur, les réformes sollicitées par l Algérie, cache un
sentiment de défiance vis-à-vis de lui, de craintes
pour les conséquences de cet acte dans l'avenir. Nul-
lement ! Il y a là simplement le respect de l'ordre
établi, qui veut que tout décret impérial ayant un
caractère législatif, soit examiné par le conseil d'Etat
et qui n'admet pas la possibilité de faire une loi ailleurs qu'au corps législatif.

On ne saurait exprimer le mal que cette obligation
a déjà fait à l'Algérie, les retards qu'elle a causés
dans la marche du pays vers le bien-être et la prospérité.

Par elle, le gouvernement-général est réduit au
rôle de pouvoir conservateur, sans initiative et sans
force réelle.

Il prépare des décrets, fait des études, propose
des lois, au lieu d'appliquer des réformes. Ces décrets,
ces lois, sont discutés, mal compris par des conseils
inexpérimentés des affaires algériennes, et générale-

ment rejetés ou renvoyés à des époques illusoires.
Nous avons eu récemment encore un exemple frappant de ces faits, à propos de la constitution de la propriété indigène.

Nous venons proposer de mettre le contrôle du gouvernement ailleurs que dans le conseil d'Etat, ailleurs que dans le corps législatif. Qu'importe que la parfaite unité de l'administration française reçoive un léger accroc de l'autre côté de la Méditerrannée. L'essentiel, c'est que la colonie prospère, et la colonie ne prospèrera pas tant que, pour un motif ou pour un autre, le conseil d'Etat pourra, d'un seul mot, entraver l'action et les excellentes intentions du gouvernement-général.

Avant de dire en quelles mains nous voudrions que ce contrôle fût placé, revenons un instant en arrière.

Nous avons dit toute à l'heure que la centralisation en Algérie a deux faces, d'un côté les limites et les entraves imposées au pouvoir du gouverneur-général par l'obligation routinière de soumettre ses décisions les plus importantes aux délibérations et à la sanction de gens aussi peu autorisés que possible en matière de colonisation; de l'autre côté une espèce d'interdiction appliquée à la population par le gouvernement local.

III

L'Algérie, loin de paraître un pays jeune, se lançant hardiment, nous dirons même étourdiment dans les aventures de la colonisation, semble une terre épuisée d'expérience, sur laquelle l'administration essaie tous les moyens du galvanisme pour lui donner une apparence d'activité factice.

Comme le disait fort bien M. de Prébois, c'est un pays où tout est défendu, hormis ce qui est permis, au lieu d'être un pays où tout devrait être permis, hormis ce qui y serait rarement défendu.

Rien ne se fait en Algérie sans autorisation.

La procédure méticuleusee de la métropole y a été introduite avec son cortége obligé d'hommes de loi, interprètes d'un codex informe de règlements, d'ordonnances, d'arrêtés et de décrets le plus souvent contradictoires, sans compter les taxes, impôts droits et honoraires à l'infini, et la séquelle des formalités, au moins inutiles en un pays où rien ne devrait restreindre la liberté d'allures des individus et des associatious.

L'administration française dans cette circonstance a agi par peur. Elle a craint le désordre et elle a créé le chaos.

Une concession de mines, de terres, de forêts, ne s'obtient qu'après des années de protection et de sollicitations; elle est toujours soumise à un système de clauses résolutoires, dont la sévérité a trop souvent causé la ruine des colons, bien que depuis peu d'années le gouvernement algérien ait assez libéralement interprété ces restrictions à la libre colonisation.

La protection administrative, dans l'intention d'empêcher les abus, a interdit aux Arabes de vendre et aux Européens d'acheter des terres.

L'administration nommè, non-seulemeut les conseils généraux des provinces et les conseils municipaux des communes, cela n'a pas grande importance, ces différents corps ne possédant que des pouvoirs excessivement restreints; mais encore :

Les magistrats, qui sont mal rétribués, mais qui ne sont pas inamovibles; c'est-à-dire dont la situation ne satisfait à aucune des conditions d'indépendance dont jouit la magistrature dans les pays civilisés du globe.

Elle nomme :

Les notaires,

Les avoués,

Les huissiers.

Que dirai-je encore ? Il n'est pas jusqu'aux journaux ayant la prétention de représenter l'opinion publique, qui ne semblent remplir des fonctions administratives.

Les lois sur la presse, faites en France dans un but de sécurité pour la constitution de 1852 et pour la dynastie, sont appliquées rigoureusement en Algérie, bien que les raisons politiques de la rigueur de ces lois n'existent pas dans la colonie. Tout industriel voulant fonder un journal, doit être pourvu d'une sorte de patente administrative, appelée autorisation.

L'Algérie n'a de jury ni en matière criminelle, ni en matière d'expropriation.

La colonie se divise donc en deux portions bien distinctes ; en deux classes. Ces deux classes n'ont rien de commun entre elles, aucuns rapports, si ce n'est ceux qui résultent de leur juxta-position de gouvernants par droit à gouvernés par fatalité.

On lit dans tous les précis d'histoire ancienne : « Le peuple d'Egypte était divisé en trois castes, dont deux privilégiées.

« Les prêtres s'étaient réservé le pouvoir judiciaire et les charges civiles. Ils siégeaient seuls dans les tribunaux d'Egypte.

« Les guerriers étaient répandus dans le pays. Ils se livraient, même pendant la paix, à l'étude et à la pratique de l'art militaire.

« Le peuple n'eut, en aucun temps, aucun droit politique, aucune part, ni directe ni indirecte, au gouvernement, aux magistratures, aux honneurs. Il supporta seul le poids des impôts, mais ne sut jamais à quoi était employé l'argent qu'il versait à l'Etat. »

Nous ne voulons pas faire ici un rapprochement entre les Egyptiens d'autrefois et les Algériens d'aujourd'hui ; il est pourtant impossible de ne pas constater une certaine analogie entre les deux situations.

Un seul être n'est rien dans l'organisation actuelle, c'est l'administré, c'est le citoyen, c'est le contribuable. Le citoyen de l'Algérie ne possède aucune des garanties ordinaires de l'indépendance individuelle. Il est gouverné, jugé, conseillé même par des fonctionnaires de l'ordre administratif.

C'est entre les mains de ce dédaigné du jour que nous venons proposer de placer le contrôle des actes du gouvernement-général. Nous avons, pour proposer ceci, une multitude de bonnes raisons, au point de vue du droit comme à celui de la prospérité matérielle de la colonie.

Nous nous restreindrons autant que possible, car, pour être complet, il nous faudrait un volume. Or, c'est moins une démonstration didactique que nous voulons faire, qu'une violation des principes du droit commun que nous voulons constater.

Nous venons donc proposer la création d'un conseil colonial composé, à l'élection, d'Algériens :

1° Appelés à exercer le pouvoir qui est échu, dans l'organisation actuelle, au conseil d'Etat et au corps législatif;

2° Appelés à discuter et à voter les lois préparées par le gouvernement-général pour la satisfaction des besoins absolus de la colonie;

3° Appelés à voter l'impôt algérien, son assiette et sa répartition;

4° Appelés à éclairer de leurs délibérations, de leurs conseils, le gouvernement-général dépositaire du pouvoir exécutif en Algérie.

Tous les actes et les décisions de ce corps restant bien entendu, soumis à la sanction du sénat, gardien de la constitution, et rejetés par lui dans le seul cas où ils porteraient atteinte à cette base inviolable de l'empire.

Voilà quelle était la vraie, la juste, la grande conséquence de la brochure de M. de Prébois. Voilà ce que nous appelons la Décentralisation.

IV

Au point de vue du droit, nos prétentions ne se discutent pas, elles s'affirment. Il est inutile de les appuyer de bonnes raisons, il suffit de les exposer, car leur équité saute aux yeux.

Nos prétentions résultent des principes de la civilisation moderne proclamés en 1789 et consacrés par la constitution de 1852.

D'après ces principes, un gouvernement n'existe pas légalement en dehors de la sanction nationale, car tout gouvernement n'est au fond que le résultat d'une convention. En un mot, les rois n'existent ni à côté ni au-dessus des peuples : ils existent parce que les peuples leur ont délégué le pouvoir royal.

Or, en Algérie, jamais la population n'a été consultée ni sur la forme générale de son gouvernement, ni sur les actes particuliers émanés de ce gouvernement, concernant ses intérêts les plus immédiats.

En Algérie, l'administration est de droit divin. La population n'a pas même vis-à-vis d'elle le privilége des remontrances respectueuses que posssédaient autrefois nos pères.

L'administration fait ce qu'elle veut, décrète, arrête, impose, taxe, sans que nous ayons absolument rien à y voir Le contrôle légal n'existe pas pour nous, et la critique est aussi dangereuse pour les personnes qu'inefficace pour les choses.

Mais, dira-t-on, vous avez reçu votre gouvernement de la France, laquelle a le droit d'administrer ses colonies comme elle l'entend.

Que ce soit la métropole qui nous ait imposé sa volonté ou qu'elle ignore le véritable état des choses, là n'est pas la question. Les colonies ne sont pas des fermes et les colons des serviteurs à gages.

L'essentiel, c'est que nous, citoyen français, qui avons transporté en Algérie notre famille, notre fortune et nos intérêts ; qui croyons travailler à la grandeur de la France en fécondant la terre d'Afrique, nous avons du sacrifier, en quittant la mère-patrie, les droits civils et politiques que nous avions su nous conquérir par trois révolutions.

Nous demandons si c'est là encourager la colonisation ; s'il y a lieu de s'étonner que l'immigration soit nulle aujourd'hui et que le million de Français qui a débarqué en Afrique depuis trente ans s'en soit retourné comme il était venu.

Il est un fait qui précise toujours la limite de la tyrannie, un fait essentiel, fondamental, dans l'économie sociale des peuples libres : c'est le vote de l'impôt.

Selon qu'un peuple a plus ou moins le droit de discuter son budget, d'ouvrir ou de fermer sa bourse, il est plus ou moins libre. Un peuple libre par ce moyen tient toujours légalement le pouvoir en sa main. Or, les budgets algériens sont votés par :

1° Le corps législatif, où l'Algérie n'envoie aucun représentant et qui n'a d'autre moyen d'édification que les explications fournies par un commissaire officiel, lequel ayant, le plus souvent, participé de première main à la préparation de ce budget, est plus apte qu'aucun aut:e à en démontrer les mérites ;

2° Les conseils généraux qui sont nommés par l'Etat;

3° Les conseils municipaux qui sont nommés par l'Etat.

Pas un seul délégué ne peut réclamer, protester, contrôler au nom du contribuable algérien. Nous avons donc raison de dire que nous ne jouissons d'aucune des garanties élémentaires de la liberté chez les peuples civilisés.

V

Signalons maintenant quelques résultats inévitables et inévités du système actuellement en vigueur.

Au pouvoir sans contrôle est échu la confiance illimitée en ses propres actes, le mépris des avis venus d'en bas, des appels de la presse, des avertissements et des protestations de l'opinion publique. A la population une défiance irréfléchie à l'égard du gouvernement.

De là un malentendu constant, irremédiable entre le pays et l'administration : chacun des deux rejettant le mal sur l'autre ; tous deux s'accusant avec l'amertume qu'engendre l'insuccès.

L'opinion du plus grand nombre des fonctionnaires administratifs à l'égard de la population, quelle est-elle ? Elle n'est ni plus ni moins que l'opinion de la population à l'égard de l'administration et des fonctionnaires.

Touchant accord de réciprocité.

La population n'a aucune part dans les actes publics, aucune connaissance de ce qui se fait et de ce qui ne se fait pas ; elle ne possède donc aucune appréciation des difficultés de certaines réformes. Elle n'admet pas que le pouvoir d'un gouverneur-général échoue contre une opposition oculte. Pour elle, le gouvernement est le gouvernement : la direction civile, le bureau politique, l'administration générale se confondent dans l'unité. Elle constate simplement des besoins immédiats et absolus et s'étonne qu'aucune satisfaction ne leur soit donnée.

Un autre résultat moralement encore plus pénible de ce système déplorable, c'est l'affaissement croissant de l'esprit public.

Les gens en place accusent assez habituellement la population algérienne de manquer d'initiative : Il faut bien que nous agissions, disent-ils, vous n'avez ni force, ni audace, ni volonté. Un petit intérêt vous est-il confié, aussitôt il tombe en souffrance. On vous a donné la publicité des conseils municipaux (quelle réforme !) et vous ne vous en souciez même pas !

Raisonnement du berger qui muselle son chien et le punit ensuite de n'avoir pas aboyé aux voleurs.

Nous l'avouons, la vie civile est morte en Algérie, la centralisation administrative l'a tuée.

Nommez nos conseillers municipaux, pour les élire nous ne trouverions peut être pas assez d'électeurs. Arrêtez nos budgets, c'est-à-dire fixez l'argent que nous devons payer et l'emploi que vous assurez d'en faire. Prenez des arrêtés, préparez des décrets, mettez dix ans à créer cinquante kilomètres de voies ferrées et trente à ne pas faire le cantonnement, laissez trois conseils généraux s'évertuer durant quatre ans à émettre les mêmes vœux unanimes, et d'autres conseils discuter en l'air des projets destinés au tombeau. Prononcez des discours pompeux au corps législatif, inaugurez à l'avance les gares de l'avenir ; pour nous, nous regarderons et nous ne dirons mot : tout ce que vous faites nous est parfaitement indifférent. Nous ne lisons même pas nos journaux, qui, à leurs risques et périls, quoique toujours dans le vide, assomment vos sommités de constatations écrasantes. Nous ne nous soucions plus de ces choses ; vous avez confisqué l'exercice de nos droits, gardez la responsabilité de cet acte.

Eussions-nous jamais connu la vie civile, depuis longtemps nous l'aurions désapprise. Il nous faudrait une nouvelle éducation. On ne naît pas, on devient citoyen. Une population sevrée sans raison de toute participation aux affaires publiques, en vient à l'indifférence. Nous en sommes là. A qui la faute ?

Relisez l'histoire des débuts de la colonisation, des de Vialar, des Dupré de Saint-Maur, des Fortin d'Ivry, etc., et osez affirmer que l'esprit d'entrepise manque aux enfants de la France

Voulez-vous un peu d'initiative, commencez par nous donner beaucoup de liberté. D'abord des droits, la pratique suivra de près. Nous ne sommes pas des criminels à qui l'on accorde un soulagement ou dont on resserre les liens selon qu'ils se conduisent bien ou mal. Nous sommes dans la plénitude des droits que vous exercez pour nous, et nous méprisons les portes entre ouvertes par lesquelles on se glisse. De l'initiative, qu'en ferions-nous, quand même elle ne se briserait pas contre les premières murailles blanchies des bureaux et des antichambres ?

Voulons-nous apprécier enfin quels peuvent être dans l'avenir les avantages d'une administration privée de l'appui légal du pays qu'elle gouverne, voyons ses œuvres dans le passé.

Par cette organisation, vingt gouverneurs-géné-

raux ou ministres ont amoncelé cet improglio d'ordonnances, de décrets, d'arrêtés et de circulaires il-
logiques et contradictoires où nous défions le juge
le moins clairvoyant de ne pas trouver des textes
formels pour et contre toutes les causes, et où cependant pas une seule disposition définitive n'a été
formulée sur les problèmes juridiques qui résultent
de notre contact avec les Indigènes : par elle la colonie a été ballottée au gré des systèmes, des opinions
et des caprices de ses gouvernants; par elle a prédo-
miné cette politique sans logique et sans unité de
vues qui caractérise notre domination en Afrique ;
par elle, on a tantôt favorisé l'Arabe au dépens de
l'Européen, tantôt favorisé l'Européen et sacrifié
l'Arabe ; par elle, on a gaspillé, sous prétexte de
provisoire, les trésors de la France, dans des œuvres éphémères, inutiles mêmes; par elle, par l'in-
croyable vanité d'une administration qui a cru pouvoir se passer du concours général, c'est-à-dire de
ce qui constitue la légalité, a été menée au point
actuel cette épopée de ruines, de folles tentatives et
d'avortements que l'on nomme l'histoire de la colonisation de l'Algérie.

Supposez depuis 1830, au lendemain de la prise
d'Alger, un conseil colonial, délégué par les colons
civils venus en Afrique à la suite de l'armée française, et veillant à ce qu'aucune mesure anti-colo-
nisatrice ne fasse reculer la marche du pays, Certes,
nous n'affirmons pas qu'une pareille assemblée n'eût
jamais commis de fautes; mais quelle unité, quelle
régularité n'eut-elle pas imprimées au développe-
ment de la colonie.

La réunion de toutes les expériences de la vie d'A-
frique à la base de l'organisation du gouvernement-
général, et rien ensuite pour entraver l'action de ce
gouvernement, c'était là évidemment l'organisation

qui convenait à l'Algérie comme c'est encore aujour-
d'hui le seul système vraiment harmonique, le seul
qui réponde aux besoins matériels et moraux du
pays.

VI

Que manque-t-il et qu'a-t-il toujours manqué le
plus à l'Algérie ; ce sont des lois faites pour elle et
par elle ; faites pour satisfaire à ses besoins spéciaux
qui n'ont nulle part ailleurs d'analogues, et par des
hommes qu'aucune préoccupation antérieure ne ra-
mène aux vieux errements. Ce qui manque le plus à
l'Algérie, c'est la faculté législative.

Les transformations qu'il faut accomplir en Algérie, sont trop radicales, ce qu'il faut édifier et ce
qu'il faut abolir est trop considérable, pour qu'on
puisse réaliser cette réforme sans la garantie de la
plus haute sanction morale, la garantie de la loi.

Pour bouleverser de fond en comble l'antique
législation du peuple arabe, il faut des lois nouvelles.
Il s'agit là d'une révolution profonde, absolue,
complète. Il s'agit d'immobiliser des nomades, d'ané-
antir tout ce qui n'est pas strictement religieux dans
le Coran, de créer l'unité avec les éléments les plus
disparates, de faire avec des Arabes, sinon des citoyens
français, tout au moins des Algériens français, qui
recevront la loi française, qui l'accepteront et fini-
ront par la reconnaître supérieure à la leur. Il s'agit
de détruire, comme en 1789, une aristocratie et une
féodalité aussi solidement et aussi légalement cons-
tituées que la féodalité européenne du moyen âge ; il
s'agit de créer un mode d'impôts nouveaux, une magistrature nouvelle, un nouveau système de relations
civiles, de nouveaux droits, en un mot il s'agit de
créer une législation et une société.

Il faut une loi pour abolir la polygamie et l'esclavage de la femme arabe. Il faut une loi pour créer une commune là où il n'y a qu'une tribu.

Le gouvernement provisoire a pu dans le tumulte d'une révolution prendre la responsabilité de l'abolition de l'esclavage par un décret mais il ne faut pas oublier que le gouvernement provisoire était le seul pouvoir exécutif et législatif du moment, qu'aucune chambre élue ne pouvait être consultée, puis qu'il était assuré d'une sanction plus éclatante encore que celle d'une chambre, la sanction d'un peuple victorieux et enthousiaste. En tout autre temps, il est certain que jamais un gouvernement n'eut adopté une mesure aussi grave sans en avoir fait l'objet d'un projet de loi soumis à la législature.

Prenons parmi les problèmes de l'Algérie, celui de la naturalisation des Indigènes.

On connait les obstacles, les entraves qu'impose la loi française aux étrangers désireux d'entrer dans la grande famille nationale. Ce sont des garanties de moralité absolue et dix ans de séjour consécutif à partir de la majorité, ou bien des services considérables. Les législateurs français considèrent le titre de citoyen comme un haut privilége et ne l'accordent qu'à titre de récompense.

Concevrait-on que, par un simple décret, sur la proposition motivée d'un ministre, les portes de la cité fussent ouvertes tout-à-coup à deux millions d'Arabes, la plupart à demi-sauvages, ne connaissant ni notre langue, ni nos lois, haïssant notre religion, soupirant après notre destruction? Or, l'assimilation des Arabes est pourtant indispensable. Tôt ou tard il faudra en venir là ; sans cela, pas d'unité, nulle réalité dans la conquête, dualité éternelle de deux peuples en présence, différents à tous les points de vue, danger énorme pour l'avenir, image de ce qui se passe aujourd'hui dans l'empire turc.

Ainsi, d'une part, nécessité d'arriver à l'assimilation, sinon complète, du moins relative et progressive des Arabes ; d'autre part, impossibilité d'atteindre ce résultat par la loi française actuelle qui, au contraire, veut que la naturalisation soit personnelle ; donc nécessité d'une nouvelle loi, d'une loi spéciale faite particulièrement pour cette circonstance et résolvant ou tout au moins attaquant en face la difficulté.

Ce que nous disons pour cette question est vrai pour un grand nombre d'autres problèmes aussi difficiles à résoudre que la naturalisation des Indigènes. Presque toujours, dans les difficultés peu connues de la régularisation de la situation des Indigènes vis-à-vis de nous ou de la nôtre par rapport au pays conquis, le gouverneur et l'administration générale peuvent faciliter la tâche, la préparer. rendre les réformes moins impraticables qu'elles ne le paraissent au premier abord, mais non pas les accomplir eux-mêmes. Il faudrait pour cela le vote et la sanction d'une chambre élue réunissant les droits et les pouvoirs délibératifs et législatifs.

VII

Pour accomplir une pareille œuvre, est-ce trop d'une assemblée spéciale composée de tout ce qu'il y a de plus expérimenté parmi les Algériens?

Le gouvernement général a-t-il des pouvoirs suffisamment étendus pour opérer de sa seule autorité une transformation aussi radicale?

En supposant même qu'il possède ces pouvoirs et qu'une décision émanée de lui, équivale à la délibération et au vote d'une assemblée législative, se sent-il une puissance morale suffisante pour attaquer de front de pareils problèmes et pour prendre devant le monde la responsabilité de leur solution dans un sens ou dans un autre, sans s'appuyer de la sancton publique librement manifestée?

Puisque la constitution présente a contesté cet excès de puissance aux gouverneurs-généraux ; puisqu'elle a limité l'exercice de leur autorité directe à des faits d'un ordre inférieur relativement à l'importance des autres faits à l'égard desquels elle leur a imposé le contrôle du conseil d'État et du corps législatif, quelle est la valeur réelle de ce contrôle?

Le corps législatif et le conseil d'État ont-ils véritablement les loisirs, la connaissance des faits, l'expérience suffisante de l'Algérie pour trancher les questions d'économie politique spéciales à ce pays?

Si la réunion d'une chambre algérienne était un jour jugée nécessaire, quels seraient ses droits, quelle seraient sa composition, ses pouvoirs vis-à-vis du gouvernement-général, vis-à-vis de la métropole, vis-à-vis du peuple arabe, etc.?

En attendant que le jour vienne où la population moins indifférente, où les publicistes plus enthousiastes jugeront à propos de placer, en tête de leurs préoccupations journalières, l'étude de ces questions de principes et la base même du gouvernement algérien, nous ne craignons pas de formuler notre conviction qui, nous l'espérons, deviendra bientôt l'opinion générale et qui passera de l'état de lettre morte à celui de vivante réalisation.

Non ! l'administration, en eût-elle le droit, ne peut pas s'ériger en pouvoir législatif et, de sa seule autorité, bouleverser de fond en comble les institutions de tout un peuple.

Non ! le conseil d'Etat et le corps législatif ne sont pas aptes à opérer cette révolution nécessaire. Ils n'en ont pas le loisir, car ce n'est pas là une question simple qui puisse être tranchée par une loi; c'est une question fort complexe qui nécessite l'application et l'activité continues d'un corps d'hommes spéciaux.

Ils n'ont pas la connaissance suffisante des faits. Et comment pourraient-ils l'avoir? Le plus grand nombre des Français est encore dominé par les préjugés les plus bizarres à l'égard de l'Afrique. Les journaux, ceux mêmes qui prétendent s'occuper savamment de ce pays, commettent les hérésies le plus excentriques à son sujet. Les Algériens en France sont trop souvent obligés de sourire des questions par trop naïves qu'on leur adresse. On se demande qui a pu répandre sur une colonie aussi proche des erreurs, impardonnables s'il s agissait du Monomotapa.

Les membres du corps législatif sont-ils à cet égard bien différents de la majorité de leurs commettants; c'est ce dont il est facile de s'assurer en parcourant les comptes-rendus des discussions relatives à l'Algérie, au *Moniteur Universel*

Ces discussions sont aussi rares qu'elles devraient être fréquentes. Ce n'est pas dans une ou deux délibérations générales par an que peuvent être approfondis et vraiment compris les intérêts, les droits et les devoirs de la France en Afrique. Il est facile de voir, au premier abord, que l'Algérie tient dans les préoccupations des députés, une place infiniment trop restreinte et trop accessoire pour son importance. Aussi les députés se montrent-ils généralement fort récalcitrants à l'égard du budget. Ce qu'ils comprennent seulement, c'est une éternelle promesse d'un avenir brillant, sans résultats annuellement constatés. Ils se montrent d'autant moins généreux au moment du vote qu'ils sont moins édifiés sur l'usage réel des subsides demandés.

Deux ou trois députés prennent généralement la parole sur les affaires algériennes. Jamais la discussion ne devient générale, et pour cause. L'assemblée écoute religieusement, formule ensuite une opinion parfaitement préconçue, et en voilà pour une année.

On a constaté que, depuis plusieurs années, tous les orateurs du corps législatif et du sénat ont passé à côté des questions algériennes sans y entrer réellement. C'est qu'il ne s'agissait pas d'une loi particulière à étudier, mais toujours d'un vote général à émettre soit sur une phrase de l'adresse, soit sur le budget. Nous savons bien qu'au sénat, en particulier, il ne manque pas d'orateurs qu'une longue expérience des affaires de la colonie autorise à décider de certaines questions. Mais ces orateurs, eux-mêmes, sont fort empêchés vis-à-vis d'une assemblée qui ne les comprend pas, car ils savent bi n que cette connaissance s'obtient, non pas en écoutant un discours plus ou moins bien fait, mais par le contact et par la pratique de l'Algérie.

Ceci est tellement vrai qu'une loi, préparée récemment par le gouvernement-général, approuvée par les publicistes algériens, considérée comme un bienfait par les Arabes et comme la base de leur émancipation, a rencontré au conseil d'Etat et rencontrerait sans doute au corps législatif une opposition tellement violente que le gouvernement-général a dû reculer. Nos législateurs français qualifiaient volontiers de spoliation indigne de la France la mesure la plus libérale et la plus favorable aux intérêts indigènes autant qu'aux intérêts coloniaux, dont jamais gouverneur-général de l'Algérie ait pris l'initiative, celle de la substitution de la propriété individuelle à la propriété collective dans les tribus arabes.

Que ferait un conseil colonial? Il ferait ce que le gouvernement-général ne peut accomplir de sa seule autorité. Il discuterait et sanctionnerait les lois préparées par le gouvernement général, toutes lois spéciales et du régime intérieur de l'Algérie.

Nous savons que la réalisation de ce projet rencontrera des difficultés, mais nous sommes convaincu que ces difficultés seront facilement surmontées lorsque, d'accord sur les principes, on en sera à l'étude de l'exécution. Les principales difficultés sont relatives à la composition du conseil, aux limites de ses droits et de sa compétence, enfin au vote du budget général de l'Algérie.

Notre seul désir étant de faire naître une nouvelle discussion sur le sénatus-consulte qui doit décider bientôt du sort de l'Algérie, nous n'entrerons pas dans l'étude de ces questions, toutes de première importance, et que nous ne pourrions traiter sans sortir du cadre que nous nous sommes tracé.

Il sera temps pour les amis sincères de ce pays, de saisir corps à corps ces obstacles, pour les surmonter, dès que le principe d'un conseil colonial sera universellement admis comme la seule base désirable de la réorganisation prochaine de l'Algérie, dès que les Algériens proclameront unanimement qu'en dehors d'une représentation algérienne tout changement est inutile, puisqu'il n'offre aucun caractère de stabilité ni même de légalité.

VIII

Nous prévoyons l'opposition violente que rencontrera l'autonomie algérienne, en dépit des adhésions formelles et éclatantes qu'elle a enregistrées déjà de la part d'un grand nombre d'esprits éclairés, dans la colonie et dans la métropole.

Il y a d'abord les hommes liés par leur passé et leur position ; les hommes à appointements fixes que la centralisation administrative a multipliés au-delà de l'imaginable. Il y aura ensuite les esprits craintifs, que toute transformation effraie, prêts du reste à crier bravo au jour du succès.

A ceux-là nous n'avons rien à dire, nous respectons les engagements des uns et le tempéramment des autres.

Mais il en est qui descendront dans la lice et qui voudront démontrer le tort des Algériens de chercher à voir clair dans leurs affaires et de revendiquer les droits qu'on leur dénie. Le premier argument de ceux-ci sera de nous accuser de séparatisme.

Séparatisme! Voilà un grand mot qui recèle bien des mystères, et sans chercher s'il est plus glorieux de créer un éternel embryon cu'un être doué de force, de vie et de volonté ; s'il est plus noble pour le Portugal de conserver le Congo que pour Tyr d'enfanter Carthage et pour l'Angleterre de répandre son nom, sa langue, sa politique, sa race en un mot, sur mille points de l'univers, réservés à l'émancipation par leur prospérité même ; sans traiter cette question de philosophie coloniale, étrangère à notre sujet et que l'état actuel de l'Algérie relègue au moins parmi les utopies à longue échéance des amateurs de prophéties, nous répondrons simplement à nos adversaires :

Si vous entendez par séparation l'espoir d'une distinction possible de nationalité, l'espoir que l'Algérie cessera d'être française pour devenir purement l'Algérie, vous êtes de mauvaise foi, vous nous accusez d'un crime et d'une absurdité ; vous employez la calomnie pour nous combattre ; vous nous prêtez une pensée que vous savez pertinemment être absente de notre cœur.

Nous nous proclamons Français et nationaux autant que les partisans de l'assimilation complète, de la fusion avec la France, nous pourrions dire de l'absorption par la France; nous sommes prêts à tout sacrifier plutôt que de renoncer à ce que nous considérons comme un glorieux privilége ; si nous supposions que l'autonomie de l'Algérie pût amener la séparation d'avec l'empire, nous en serions le premier et le plus ardent adversaire.

Mais si cela signifie que nous désirons une séparation administrative et même législative pour les questions strictement algériennes, nous le proclamons plus haut que vous ne le faites vous-mêmes.

Nous n'aimons pas la centralisation excessive qui a monopolisé en faveur de Paris toutes les énergies de la province, et nous croyons ce système pernicieux, surtout à l'égard des colonies et de l'Algérie.

Plus la France laissera de liberté à ses provinces africaines, plus ces provinces grandiront en prospériié, en éclat et en ressources au profit de la France.

Où donc est le séparatisme? Ne restons-nous pas soumis à l'empereur et à la constitution impériale ? Le chef de l'Etat ne nomme-t-il pas le gouverneur et les hauts fonctionnaires ? Ne conserve-t-il pas le droit de les changer et de les destituer à son gré ? Ne peut-il pas d'un mot dissoudre le conseil colonial et en appeler à des élections nouvelles ? Le sénat n'a-t-il pas la haute surveillance des actes et décisions de ce conseil ?

Et l'armée, n'est-elle rien ? Ne dépend-elle pas directement de l'empereur ? N'est-elle pas un lien indissoluble contre lequel se briserait d'audacieuses aspirations ? Non, nous l'avons dit tout-à-l'heure, nous prêter de pareilles intentions c'est simplement une absurdité. L'Algérie est liée à la France par un contrat aussi indestructible que celui qui relie la

Bourgogne et la Franche-Comté, la Provence et la Normandie.

Qu'est-ce donc qu'être Français? Est-il indispensable aux colons pour jouir de ce titre, de passer sous les fourches caudines d'un conseil d'Etat et d'un corps législatif qui n'ont été faits ni par eux ni pour eux, qui ne connaissent ni les intérêts généraux du pays, ni les populations indigènes?

Seront-ils moins dévoués à la France, moins soucieux de sa prospérité et de sa gloire, moins citoyens en un mot, ces colons qui auront le droit d'élire un conseil dont la compétence ne s'étendra jamais au-delà des questions intérieures et purement locales?

Enfin, si nous cherchons des précédents dans l'histoire des colonies ou dans leur situation actuelle, ce que nous sommes embarrassé de trouver, ce n'est pas des colonies jouissant d'une grande latitude pour leur régime intérieur, mais bien des identiques à l'organisation présente de l'Algérie.

Sans rappeler le système suivi par l'Angleterre à l'égard de ses colonies; sans parler des Américains du Nord, si admirablement doués pour l'extension et la colonisation; sans citer l'exemple des anciennes colonies françaises qui. sous Louis XIV et Louis XV, ont joui d'une indépendance et d'une prospérité oubliées; sans rappeler l'île de St-Domingue, longtemps gouvernée par ses colons et ses gouverneurs réunis, à l'exclusion de toute intervention de la métropole, reportons-nous, par la pensée, à une délibération solennelle qui eut lieu, le 23 septembre 1791, au sein de l'Assemblée Constituante.

Nous espérons que l'on n'accusera pas le rival de Mirabeau, Barnave, rapporteur de la commission des colonies, et ses illustres collègues de la plus glorieuse réunion de grands citoyens qui fut jamais, d'avoir manqué de patriotisme, pour avoir proclamé que, sous le rapport du régime intérieur, les colonies doivent jouir de la plus complète liberté.

Cette déclaration qui fut annexée en quatre articles à la constitution déjà votée, était d'autant plus imposante qu'il s'agissait de cette question de l'état des personnes de couleur, sur laquelle l'assemblée libératrice, qui venait d'abolir la noblesse, la féodalité et les derniers vestiges du servage, devait se montrer particulièrement susceptible.

Nous transcrivons ici un passage de l'admirable rapport de Barnave, dont l'assemblée adopta toutes les conclusions. Ce passage précise la distinction qu'il importe d'établir entre les droits de la métropole et ceux de la colonie.

« Dans toute constitution coloniale, il y a néces-
« sairement deux parties très-distinctes, deux classes
« de lois qui ne peuvent jamais être confondues. Les
« colonies, considérées isolément, indépendamment
« de leurs rapports avec la métropole, ont des inté-
« rêts, une existence particulière; les lois relatives
« à leur existence politique isolée, s'appellent lois
« du régime intérieur des colonies. Les colonies,
« considérées dans leurs rapports avec la nation avec
« laquelle elles sont liées, rapports de commerce, de
« protection ou autres, sont, dans ce point de vue,
« aperçues sous un nouvel aspect politique. Les lois
« qui lient, par ces différents rapports, les colonies
« à la métropole s'appellent lois du régime extérieur
« des colonies. Dans tous les temps, chez tous les
« peuples, cette distinction a existé; soit qu'elle ait
« été ou non remarquée, parce qu'elle est fondée sur
« la nature même des choses.

« Les lois du régime extérieur, intéressant non-
« seulement les colonies, mais essentiellement la
« métropole qui est maîtresse et souveraine, sont,
« quel que soit le système adopté, toujours faites par

« la puissance législative de la métropole. Les lois
« du régime intérieur peuvent être présentées sous,
« différents points de vue; mais, dans tous les cas,
« l'éloignement des colonies des nations européennes
« auxquelles elles sont liées, et les localités et .es
« circonstances qui les différencient essentiellement
« du régime européen, ont exigé partout qu'il fut
« établi un moyen local de faire ces lois et de les
« faire exécuter provisoirèment, attendu. . . qu'avec
« des dissemblances locales. . . il est nécessaire que
« les connaissances locales contribuent à la confec -
« tion de la loi intérieure.. Ainsi. lors même que vos
« colonies étaient régies par un gouvernement arbi-
« traire, les administrateurs avaient le droit de faire
« et même d'exécuter provisoirement des lois, sauf
« la -uprématie du pouvoir législat:f tel qu'il existait
« alors en France.

« En Angleterre, voici comment la législation des
« colonies a été distribuée. Le parlement anglais fait
« seul toutes les lois du régime extérieur des colo-
« nies, toutes celles qui concernent les relations
« commerciales de l'Angleterre avec ses colonies ,
« et leurs moyens d'exécution. toutes celles qui con-
« cernent la défense et l'usage du pouvoir national
« dans les colonies. Les lois du régime intérieur au
« contraire sont faites dans les colonies anglaises par
« les assemblées coloniales établies dans chaque
« colonie. Ces lois sont sanctionné s provisoirement
« par les gouverneurs, sur les lieux, et s'exécutent
« pendant un an au moyen de cette sanction. Elles
« sont ensuite portées immédiatement à la sanction
« du roi d'Angleterre.

« Ainsi, les c lonies sont en rapport avec la mé-
« tropole sous deux caractères politiques. Elles sont
« purement sujettes quant aux lois du régime exté-
« rieur, puisque ces lois sont faites pour elle par le

« parlement dans lequel elles n'ont pas de représen-
« tants ; elles sont co-États quant aux lois du régime
« intérieur, puisque celles-ci sont faites par elles
« sous la simple sanction du roi.»

Puissent ces paroles et la reconnaissance des droits
des conseils coloniaux qui en fut le résultat, éclairer de leurs vives lumières les législateurs qui, dans
ce moment même, préparent une constitution à
l'Algérie.

Que nos adversaires y réfléchissent, le véritable
danger de séparatisme, serait de refuser à un pays qui
deviendra tôt ou tard riche et énergique des droits
inaliénables et naturels. Les États-Unis se sont sépa-
rés de l'Angleterre uniquement pour ce fait, et l'Angleterre, devenue sage après cette expérience, se
garde bien aujourd'hui de refuser à l'Australie une
équitable indépendance locale.

L'histoire est d'ailleurs unanime à proclamer que
la compression des colonies a toujours amené leur
ruine ou leur séparation.